EatSmarter!

PROTEIN-FRÜHSTÜCK

EatSmarter!

PROTEIN-FRÜHSTÜCK

45 eiweißreiche Rezepte für einen guten Start in den Tag

riva

Bibliografische Information der Deutschen Nationalbibliothek:
Die Deutsche Nationalbibliothek verzeichnet diese Publikation in der Deutschen Nationalbibliografie. Detaillierte bibliografische Daten sind im Internet über http://d-nb.de abrufbar.

Für Fragen und Anregungen:
info@rivaverlag.de

Originalausgabe
1. Auflage 2017

Nymphenburger Straße 86
D-80636 München
Tel.: 089 651285-0
Fax: 089 652096

Redaktion EatSmarter! (Text): Willy Loderhose
Rezeptredaktion EatSmarter!: Katrin Koelle
Redaktion riva Verlag: Caroline Kazianka
Umschlaggestaltung: Isabella Dorsch
Umschlagabbildungen: Vorderseite: links oben: © StockFood / Klfoodstyle; rechts oben: © StockFood / Gräfe & Unzer Verlag / Bischof, Harry; alle anderen Bilder: eatsmarter.de/westermann-buroh.de
Abbildungen im Innenteil: S. 35: © StockFood; S. 45: © StockFood / Zouev, Tanya; S. 46: © StockFood / Gräfe & Unzer Verlag / Bischof, Harry; S. 60: © StockFood / Westend61; S. 61: eatsmarter.de; S. 62: © StockFood / Gräfe & Unzer Verlag / Brauner, Michael; S. 72: eatsmarter.de/Michael Rauhe; S. 95: © StockFood / Eising Studio - Food Photo & Video; S. 96: © StockFood / Westermann, Jan-Peter; alle anderen Bilder: eatsmarter.de/westermann-buroh.de
Satz: inpunkt[w]o, Haiger (www.inpunktwo.de)
Druck: Florjancic Tisk d.o.o., Slowenien
Printed in the EU

ISBN Print 978-3-7423-0362-2
ISBN E-Book (PDF) 978-3-95971-874-5
ISBN E-Book (EPUB, Mobi) 978-3-95971-875-2

INHALT

DER PERFEKTE START IN EINEN SCHWUNGVOLLEN TAG

Die erste Mahlzeit des Tages, das Frühstück, englisch Breakfast, also das Unterbrechen der nächtlichen Fastenzeit, sollte uns Schwung geben für neue Aktivitäten – und das geht am besten mit Eiweiß, auch Protein genannt.

WAS SIND EIGENTLICH PROTEINE?

Proteine sind ein wichtiger Baustein aller Zellen, ohne die unser Körper nicht richtig funktionieren würde. Chemisch betrachtet sind Eiweiße aus Aminosäuren aufgebaute Makromoleküle. Das griechische Wort »proteios« bedeutet »grundlegend« – zum ersten Mal hat man diese grundlegenden Substanzen im Hühnerei gefunden und dann »Eiweiß« genannt. Später wurde klar, dass Proteine sich auch im Eigelb und in allen anderen Zellen befinden. Chemisch möglich sind unendlich viele verschiedene Proteine, da sich die Aminosäuren in vielen unterschiedlichen Ketten miteinander verbinden können.

Diese Eiweiße geben allen Zellen ihre Struktur und lösen, ähnlich kleinen Robotern, im Körper die unterschiedlichsten wichtigen chemischen Reaktionen aus. So steuern sie neben den Zellstrukturen auch den Aufbau von Muskeln, Organen und Blut. Es gibt Transportproteine wie Hämoglobin oder Transferrin, die zum Beispiel den Sauerstoff bzw. das Eisen im Blut befördern. Für die Ernährungswissenschaft besonders wichtig sind jene Eiweiße, die der Körper im Hungerzustand zur Generierung neuer verfügbarer Energie benutzt, darunter die sogenannten Enzyme.

Eiweiße kommen in fast allen Nahrungsmitteln vor – in pflanzlichen wie in tierischen. Die bekanntesten Proteinlieferanten sind Eier, Fleisch, Fisch und Milchprodukte sowie Hülsenfrüchte und Kartoffeln.

Eine ausgewogene Ernährung, wie sie zum Beispiel die Deutsche Gesellschaft für Ernährung (DGE) empfiehlt, liefert immer genug Eiweiß für einen gesunden, normalgewichtigen Körper, sodass die Zufuhr zusätzlicher oder gar synthetischer Eiweiße in der Regel nicht nötig ist. Nur wer krank ist, deutlich übergewichtig oder zum Beispiel seine Muskelmasse deutlich vergrößern möchte, sollte seine Ernährung in Bezug auf Eiweiß verändern.

PROTEINE MACHEN SCHLANK

Proteine sind die besten und gesündesten Sattmacher in der Ernährung, die es gibt. Denn sie bringen den Stoffwechsel automatisch in Schwung, weil ein Drittel ihrer Kalorien auf der Stelle wieder verbrannt wird. Wer über das Abnehmen mit Eiweiß forscht, setzt auf diese Fakten: In fast allen sogenannten Low-Carb-Diäten, also Abnehmprogrammen, die im Wesentlichen Proteine statt Kohlenhydrate propagieren, werden Nudeln, fettes Fleisch, Zucker und Brot durch Salate, fettarmes Fleisch, fettarme Milchprodukte und andere eiweißreiche Lebensmittel ersetzt.

Übrigens: Mit Eiern abnehmen, funktioniert tatsächlich. Es genügt, anstelle des täglichen Marmeladenbrötchens ein gekochtes Ei mit Vollkornbrot zu essen – der Effekt ist schon nach kurzer Zeit zu spüren. Das sättigende Eiweiß hat auch den Vorteil, dass es dabei hilft, nach der eigentlichen (und durchaus schmackhaften) Diät schlank zu bleiben, denn der gefürchtete Jo-Jo-Effekt bleibt aus. Sogenannte Eiweiß- oder Proteinshakes zum Frühstück sind allerdings nicht nötig.

Als allgemeiner Richtwert gilt, dass ein gesunder Mensch pro Tag rund 0,9 g Protein pro Kilogramm Körpergewicht zu sich nehmen sollte. Nur Kinder und Jugendliche sowie stillende Mütter benötigen bis etwa doppelt so viel Eiweiß (also bis ca. 1,8 g Protein/Tag/kg Körpergewicht) – Sportler in Trainingsphasen des Muskelaufbaus maximal ein Drittel mehr (also bis ca. 1,2 g Protein/Tag/kg Körpergewicht).

DIE ZEHN BESTEN PROTEIN-NAHRUNGSMITTEL

Eine ultimative Auswahl der besten Eiweiß-Nahrungsmittel zu treffen ist schwer, doch aus den zahlreichen Experten-Empfehlungen für sehr eiweißhaltige Lebensmittel ergibt sich folgende Top-10-Liste:

1. Eier – top, was ihre biologische Wertigkeit angeht, damit besser als ihr Ruf.
2. Magerquark – wie viele Milchprodukte eiweißhaltig, kalorienarm, leicht kombinierbar.
3. Harzer Käse – jeder Käse hat viel Eiweiß, dieser so gut wie kein Fett.
4. Schweinefleisch – in magerer Ausführung und gelegentlich genossen, ein guter Eiweißspender.
5. Putenfleisch – das magerste Fleisch auf dem Markt.
6. Thunfisch – Eiweißpower aus dem Meer.
7. Tofu – der ideale Fleischersatz.
8. Mandeln – die eiweißreichste Nuss, ein hervorragender Energielieferant.
9. Rote Linsen – Hülsenfrüchte mit extra hohem Nährstoffgehalt.
10. Erdbeeren – nur wenig Obst ist sehr proteinreich, diese Beeren aber haben es in sich.

MIT PROTEINEN DEN TAG BEGINNEN

Vergessen Sie nicht: Neben Kohlenhydraten und Fetten gehören die Proteine zu den Hauptbestandteilen menschlicher Ernährung. Unser Körper besteht zu etwa 20 Prozent daraus. Doch im Gegensatz zu vielen Fetten, auf die unser Körper zumindest zeitweise verzichten kann, darf die Eiweißzufuhr nie unterbrochen werden, da durch Proteine vielfältige Körperfunktionen gesteuert werden.

Die Protein-Frühstücksrezepte von EatSmarter! bringen Ihnen jede Menge Abwechslung auf den Tisch und lassen Ihren Körper mit viel sättigendem Eiweiß in den Tag starten. Den Tag mit viel Protein zu beginnen, bedeutet nicht, komplett auf Kohlenhydrate zu verzichten. Wenn es die richtigen Kohlenhydrate sind, ist die Mischung mit den Proteinen eine gesunde Kombination.

Beispielsweise ergibt eine Avocado mit Hüttenkäse auf Knäckebrot eine leichte und gehaltvolle Mahlzeit, die Sie bis zum Mittagessen satt hält. Besonders im Trend liegen zurzeit die Super-Foods. Hierzu zählen beispielsweise die Chia-Samen, die sich in Form von Pudding auch zu einer richtigen Protein-Frühstücksbombe verwandeln. Unbedingt versuchen sollten Sie auch die wunderbaren Acai-Beeren, die in bunten Frühstücks-Bowls, kombiniert mit Nüssen und anderen Früchten, eine besonders gute Figur machen. Sehen Sie selbst und legen Sie los.

Wir wünschen Ihnen einen gesunden, proteinreichen Start in den Tag!

INFORMATIONEN ZU DEN NÄHRWERTEN

Die EatSmarter!-Bewertung informiert Sie auf die Schnelle, was das gewählte Rezept Ihrem Körper zu bieten hat. Dafür haben Ernährungsexperten jeweils alle wichtigen Inhaltsstoffe unter die Lupe genommen, die Vor- und Nachteile gegeneinander abgewogen und das komplette Gericht sorgfältig bewertet.

KALORIEN/ENERGIE

Kalorienangaben finden Sie überall. Aber EatSmarter! bewertet auch die Menge an wichtigen Nährstoffen, also die Qualität eines Gerichts. Anhand der Bewertung erkennen Sie, wie viel Gutes im gewählten Gericht zu finden ist; man spricht dabei von der Nährstoffdichte.

FETTE UND GESÄTTIGTE FETTSÄUREN

Beim Fett kommt es auf das ausgewogene Verhältnis seiner Bestandteile, der Fettsäuren, an. Weil die meisten von uns zu viele gesättigte Fettsäuren konsumieren, sind diese hier extra ausgewiesen.

EIWEISS/PROTEIN

Eiweiß (Protein) gehört zu den Grundbausteinen menschlicher Zellen. Eiweiße steuern unzählige wichtige Prozesse im Körper, darunter den Stoffwechsel. In fast allen Nahrungsmitteln kommen Eiweiße vor – sowohl in pflanzlichen wie in tierischen. Die bekanntesten Proteinlieferanten sind Eier, Fleisch, Fisch und Milchprodukte sowie Hülsenfrüchte und Kartoffeln.

KOHLENHYDRATE

Kohlenhydrate bilden – neben Eiweißen und Fetten – den größten Bestandteil unserer Ernährung. Kohlenhydrate bestehen hauptsächlich aus Zuckermolekülen und sind wichtige Energielieferanten für unseren Körper, beispielsweise für die Gehirn- und Muskelfunktionen.

ZUCKER

Natürlich süße Früchte, Säfte und andere Naturprodukte spielen bei der Bewertung keine Rolle. Hier geht es nur um den haushaltsüblichen Zucker aus der Tüte und zuckerhaltige Süßungsmittel, die beim Zubereiten hinzugefügt werden.

BALLASTSTOFFE

Ballaststoffe spielen eine wichtige Rolle bei der Sättigung und helfen, den Verdauungstrakt gesund zu halten. Deshalb gilt: je mehr Ballaststoffe, desto besser.

HERZHAFTE KALTE GERICHTE

PFANNKUCHEN-WRAPS MIT KÄSE UND SCHINKEN

PROTEIN 16 g pro Portion

Pro Stück: Kilokalorien: 238; Fett: 12 g; gesättigte Fettsäuren: 4,8 g; Kohlenhydrate: 15 g; Zucker: 0 g; Ballaststoffe: 2 g

40 MIN.

Zutaten für 8 Stück

75 g Weizen-Vollkornmehl
75 g Weizenmehl
400 ml Milch (1,5 % Fett)
3 Eier
2 EL Öl
1 Prise Salz
1 rote Paprikaschote
8 Salatblätter
150 g Frischkäse (13 % Fett)
16 Scheiben Lachsschinken (150 g)
8 Scheiben Gouda (125 g; 30 % Fett i. Tr.)

1. Beide Mehle, Milch, Eier, 1 EL Öl und Salz in einer Schüssel zu einem glatten Teig verrühren und 10 Minuten quellen lassen. Eine beschichtete Pfanne (24 cm Ø) erwärmen, gleichmäßig mit Öl ausstreichen, etwas Teig hineingeben (nicht zu viel auf einmal), den Teig am besten durch sofortiges Schwenken gut verteilen und bei mittlerer Hitze 1 möglichst dünnen Pfannkuchen backen.
2. Fertigen Pfannkuchen auf einen Teller geben. So weiter verfahren, bis Öl und Teig aufgebraucht und 8 Pfannkuchen gebacken sind. Pfannkuchen abkühlen lassen.
3. Die Paprikaschote halbieren, entkernen, waschen und in feine Streifen schneiden. Salatblätter putzen, waschen und trocken schleudern.
4. Jeden Pfannkuchen mit etwa 1 gestrichenen EL Frischkäse bestreichen.
5. Jeweils mit 1 Salatblatt, 2 Scheiben Lachsschinken und 1 Scheibe Käse belegen. Zum Schluss Paprikastreifen in die Mitte geben.
6. Die Pfannkuchen vorsichtig zu festen Rollen wickeln, einmal halbieren und servieren.
7. Falls die Wraps nicht gleich gegessen werden, einzeln fest in Frischhaltefolie wickeln.

WARUM GESUND

Eine einfach zubereitete Zwischenmahlzeit, die reichlich Kalzium für kräftige Knochen bringt – eine Portion deckt etwa ein Viertel des Tagesbedarfs. Außerdem besonders stark vertreten: Vitamin B12 – gut für frisches Blut.

NOCH SMARTER

Wer die Wraps als gesunden Snack mit zur Arbeit oder in die Schule nehmen möchte, bereitet sie am Vortag zu und hält sie im Kühlschrank frisch.

RÄUCHERFORELLENCREME MIT MEERRETTICH UND SENF

PROTEIN 18 g pro Portion

Pro Portion: Kilokalorien: 217; Fett: 6 g; gesättigte Fettsäuren: 2,8 g; Kohlenhydrate: 20 g; Zucker: 0 g; Ballaststoffe: 5 g

35 MIN.

Zutaten für 6 Portionen

300 g Räucherforellenfilet
3 Stängel Petersilie
½ Bund Schnittlauch
3–4 Stiele Dill
40 g frischer Meerrettich
175 g Frischkäse (13 % Fett)
3 EL körniger Senf
Salz
Pfeffer
1 Zitrone
6 Scheiben Roggen-Vollkornbrot

1. Räucherforellenfilets mit einer Pinzette von den Gräten befreien. Den Fisch mit 2 Gabeln zerzupfen und in eine Schüssel geben.
2. Petersilie waschen, trocken schütteln, die Blättchen abzupfen und hacken. Schnittlauch waschen, trocken schütteln und in feine Röllchen schneiden. Dill waschen, trocken schütteln, Fähnchen abzupfen und grob hacken. Petersilie und Schnittlauch zum Fisch geben.
3. Meerrettich schälen und fein reiben.
4. Fisch, Frischkäse, Meerrettich und Senf verrühren und mit Salz, Pfeffer und etwas Zitronensaft würzen.
5. Das Brot in 2 cm breite Streifen schneiden und unter dem heißen Ofengrill von jeder Seite leicht rösten.
6. Inzwischen Forellencreme in Schälchen füllen. Dill darüberstreuen. Dazu das knusprige Roggenbrot servieren.

WARUM GESUND

Auch bei Cholesterinproblemen muss es nicht immer Margarinebrot mit fettreduziertem Wurst- und Käseaufschnitt sein, wenn Ihnen der Sinn nach einem herzhaften Brotbelag steht. Denn dieser kräftige Forellenaufstrich enthält bei insgesamt wenig Fett viele wertvolle ungesättigte Fettsäuren und fördert so gesunde Blutfettwerte.

NOCH SMARTER

Extra viele Omega-3-Fettsäuren enthält die Creme, wenn Sie Räuchermakrele statt der Forelle verwenden.

HERZHAFTE RÄUCHERLACHS-SCHNITTEN MIT FRISCHKÄSE UND ZWIEBEL

PROTEIN 20 g pro Portion

Pro Portion: Kilokalorien: 329; Fett: 9 g; gesättigte Fettsäuren: 3,9 g; Kohlenhydrate: 39 g; Zucker: 0 g; Ballaststoffe: 9 g

10 MIN.

Zutaten für 2 Portionen

½ Zitrone
75 g Frischkäse (13 % Fett)
Salz
Pfeffer
5 Stängel Kerbel
4 Scheiben Roggen-Vollkornbrot
1 kleine rote Zwiebel
100 g Räucherlachs (in Scheiben)

1. Die Zitrone halbieren und auspressen. Frischkäse in einer Schüssel cremig rühren. Mit Salz, Pfeffer und Zitronensaft abschmecken.
2. Kerbel waschen, trocken schütteln, Blätter abzupfen, hacken und unter den Frischkäse rühren.
3. Brotscheiben im Toaster oder unter dem vorgeheizten Backofengrill leicht anrösten. Zwiebel schälen und in feine Ringe schneiden.
4. Brote mit Frischkäse bestreichen und mit Lachsscheiben belegen. Die Zwiebelringe darauf verteilen und die Brote servieren.

WARUM GESUND

Neben sättigenden Ballaststoffen kommen hier vor allem Omega-3-Fettsäuren und reichlich Vitamin D aus dem Räucherlachs auf den Teller. Das tut sowohl dem Herzen als auch den Knochen gut.

NOCH SMARTER

Mindestens so lecker wie Butter, aber viel fettärmer ist der Frischkäse als Aufstrich. Wer es pikant mag, kann ihn mit etwas geriebenem Meerrettich oder Wasabi-Paste (Glas bzw. Tube) würzen.

APFEL-SELLERIE-BROT-AUFSTRICH MIT CURRY-BUTTERMILCH-FRISCHKÄSE

PROTEIN 7g pro Portion

Pro Portion: Kilokalorien: 80; Fett: 1 g; gesättigte Fettsäuren: 0,4 g; Kohlenhydrate: 10 g; Zucker: 0 g; Ballaststoffe: 2 g

10 MIN.

Zutaten für 2 Portionen

2 Msp. Currypulver
100 g Buttermilch-Frischkäse (0,2 % Fett)
1 Stange Staudensellerie
1 kleiner Apfel (ca. 150 g)
Salz
Pfeffer

1. Currypulver in einer Schüssel mit 2 EL warmem Wasser verrühren. Frischkäse dazugeben und cremig rühren.
2. Staudensellerie waschen, gegebenenfalls entfädeln und putzen. Das Grün fein hacken, den Sellerie fein würfeln. 1 EL Selleriewürfel beiseitestellen.
3. Apfel waschen, trocken reiben, vierteln und das Kerngehäuse entfernen. Apfel fein würfeln.
4. Curry-Frischkäse mit Äpfeln, Sellerie und Selleriegrün mischen. Falls die Masse zu fest ist, 1–2 EL Wasser zufügen und cremig rühren. Brotaufstrich mit Salz und Pfeffer abschmecken und mit restlichen Selleriewürfeln bestreuen.

NOCH SMARTER

Leckere Abwandlung: 1 TL fein gehackte Walnüsse (liefert wichtige Omega-3-Fettsäuren) oder fein gehackte Petersilie (bringt zusätzliche Vitamine und Mineralstoffe) unterrühren.

WARUM GESUND

Aus ernährungswissenschaftlicher Sicht ein geradezu perfekter würziger Brotbelag: eiweiß- und ballaststoffreich, aber fett- und kalorienarm. Milchprodukte wie Frischkäse enthalten übrigens nicht nur wertvolles Kalzium, sondern auch viel Vitamin B2, das den Körper bei der Entgiftung unterstützt (Umweltgifte, Medikamente).

RADIESCHEN-MATJES-TATAR AUF VOLLKORNBROT

PROTEIN 15 g pro Portion

Pro Portion: Kilokalorien: 250; Fett: 10 g; gesättigte Fettsäuren: 2,4 g; Kohlenhydrate: 23 g; Zucker: 1 g; Ballaststoffe: 5,5 g

30 MIN.

Zutaten für 2 Portionen

- 2 Matjesfilets (ca. 125 g)
- 1 TL eingelegter grüner Pfeffer
- 1 Bund Radieschen (bevorzugt Bio-Radieschen; ca. 250 g)
- 30 g Joghurt (3,5 % Fett)
- Pfeffer
- 1 Prise Zucker
- 2 Scheiben Vollkornbrot (à ca. 50 g)

1. Matjesfilets mit Küchenpapier trocken tupfen, fein würfeln und in eine Schüssel geben.
2. Grünen Pfeffer in einem Sieb abspülen und abtropfen lassen.
3. Radieschen waschen, putzen, fein würfeln und zum Matjes geben. Radieschengrün gut trocken schütteln, die Blätter abzupfen, einige Blätter beiseitelegen, den Rest hacken.
4. Grünen Pfeffer hacken, zur Matjesmischung geben, unterheben und alles 10 Minuten durchziehen lassen.
5. Gehackte Radieschenblätter zum Radieschen-Matjes-Tatar geben. Joghurt unterrühren.
6. Radieschen-Matjes-Tatar mit Pfeffer und Zucker abschmecken, auf dem Vollkornbrot verteilen und mit den restlichen Radieschenblättern garnieren.

WARUM GESUND

Ob kleines Abendessen oder Vorspeise in einem rustikalen Menü: Matjes schmeckt nicht nur klasse, sondern sorgt für eine extragroße Portion der wertvollen Omega-3-Fettsäuren. Darum ist hier das – ohnehin nur mäßig vorhandene – Fett auch kein Nachteil, sondern höchst willkommen!

NOCH SMARTER

Milder Matjes und leicht scharfe Radieschen passen gut zusammen – wer mag, kann das Tatar aber auch mit weißem oder rotem Rettich zubereiten.

HARZER-SNACK MIT GEBRATENEN FRÜHLINGSZWIEBELN UND VOLLKORNBROT

PROTEIN 32 g pro Portion

Pro Portion: Kilokalorien: 312; Fett: 6 g; gesättigte Fettsäuren: 1,3 g; Kohlenhydrate: 30 g; Zucker: 0 g; Ballaststoffe: 8 g

15 MIN.

Zutaten für 2 Portionen

2 Bund Frühlingszwiebeln
3 Stängel glatte Petersilie
1 Zweig Thymian
1 EL Olivenöl
Salz
Zitronenpfeffer
150 ml klassische Gemüsebrühe
6 kleine Harzer Käse (à 30 g)
2 Scheiben Roggen-Vollkornbrot

1. Frühlingszwiebeln putzen, waschen, die grünen Teile schräg in etwa 5 cm lange Stücke schneiden, die Zwiebeln eventuell halbieren.
2. Petersilie und Thymian waschen, trocken schütteln und die Blättchen abzupfen.
3. Öl in einer Pfanne erhitzen und die Frühlingszwiebeln darin 3 Minuten unter Rühren bei mittlerer Hitze braten. Thymian und Petersilie untermischen, weitere 2 Minuten braten.
4. Frühlingszwiebeln salzen und pfeffern. Gemüsebrühe angießen und alles einmal kräftig aufkochen lassen. Abschmecken.
5. Frühlingszwiebeln samt Flüssigkeit mit dem Harzer auf Tellern anrichten. Noch warm mit dem Brot servieren.

NOCH SMARTER

Wer mag, nimmt statt Thymian Kümmel, der klassischerweise zum Harzer Käse gehört. Kümmel wirkt antibakteriell im Darm; er beruhigt gereizte oder nervöse Mägen, sodass die Verdauung unterstützt wird. Außerdem stärkt er Leber- und Gallenfunktion.

WARUM GESUND

Harzer Käse enthält erfreulich wenig Kalorien, da er nur rund 1 Prozent Fett aufweist; entsprechend ist er auch cholesterinarm. Trotzdem sättigt der Sauermilchkäse gut, denn er ist sehr eiweißreich. An Mineralien hat er besonders viel knochenfestigendes Kalzium zu bieten: Mit einer Snack-Portion tanken Sie bereits ein Drittel Ihres täglichen Bedarfs!

GEFLÜGELSALAT-BRÖTCHEN MIT ANANAS, CHAMPIGNONS UND SPROSSEN

PROTEIN 39 g pro Portion

Pro Portion: Kilokalorien: 425; Fett: 4 g; gesättigte Fettsäuren: 1,8 g; Kohlenhydrate: 53 g; Zucker: 0 g; Ballaststoffe: 9,5 g

25 MIN.

Zutaten für 1 Portion

- 1 Scheibe frische Ananas (ca. 100 g)
- 1 kleine rote Zwiebel
- 6 Champignons
- 100 g geräuchertes Hähnchenbrustfilet (Aufschnitt)
- 2 Stängel Estragon
- 150 g Joghurt (3,5 % Fett)
- Salz
- Pfeffer
- 1 Vollkorn-Baguettebrötchen
- 50 g Alfalfasprossen

1. Ananas und Zwiebel schälen und klein würfeln. In ein Sieb geben und 30 Sekunden in einen Topf mit kochendem Wasser hängen (blanchieren). Herausnehmen und abtropfen lassen.
2. Champignons putzen und in feine Scheiben schneiden. Hähnchenaufschnitt würfeln. Estragon waschen, trocken schütteln und fein hacken.
3. Vorbereitete Zutaten in eine Schüssel geben und gut mit dem Joghurt vermengen. Mit Salz und Pfeffer würzen. Brötchen quer halbieren.
4. Alfalfasprossen waschen, trocken schütteln und die untere Brötchenhälfte damit belegen. Den Salat daraufgeben und die obere Brötchenhälfte als Deckel aufsetzen.

WARUM GESUND

Hähnchenfleisch enthält viel wertvolles Eiweiß, aber kaum Fett. Ananas, Zwiebel, Joghurt und Alfalfasprossen liefern reichlich Ballaststoffe, Vitamine und Mineralstoffe.

NOCH SMARTER

Das Blanchieren von Ananas und Zwiebel macht beides bekömmlicher für Magen und Darm. Wer's besonders knackig mag, der kann diesen Schritt auch weglassen und die Zutaten roh verwenden. Übrigens: Damit Brötchen und Sprossen schön knusprig bleiben, den Salat erst kurz vor dem Essen daraufgeben.

VOLLKORN-LACHS-SANDWICH MIT GURKENQUARK UND ZARTEM SPINAT

PROTEIN 26 g pro Portion

Pro Portion: Kilokalorien: 324; Fett: 4 g; gesättigte Fettsäuren: 1 g; Kohlenhydrate: 42 g; Zucker: 0 g; Ballaststoffe: 7 g

30 MIN.

Zutaten für 1 Portion

1 Mini-Salatgurke
½ kleine Zitrone
4 EL Magerquark
Salz
Pfeffer
1 kleine Handvoll junger Blattspinat
1 kleine Schalotte
1 Vollkorn-Baguettebrötchen
40 g Räucherlachs (in Scheiben)

1. Gurke heiß abwaschen, trocken tupfen und längs halbieren. Die Kerne mit einem Teelöffel herauslösen. Gurke auf einer Kastenreibe fein reiben.
2. Gurkenraspel in ein sauberes Küchentuch geben und über einer Schüssel sehr kräftig ausdrücken. Flüssigkeit wegschütten.
3. Gurkenraspel in eine Schüssel geben. Zitronenhälfte auspressen. Zitronensaft und Quark mit der Gurke vermengen. Salzen und pfeffern.
4. Den Spinat in kaltem Wasser mehrmals gründlich waschen und anschließend gut trocken schleudern.
5. Schalotte schälen und sehr fein hacken. Baguettebrötchen halbieren und die untere Hälfte mit dem Gurkenquark bestreichen.
6. Mit Spinatblättchen und Räucherlachs belegen, mit den gehackten Schalotten bestreuen. Die obere Brötchenhälfte als Deckel darauflegen.

WARUM GESUND

Ein Snack, der es in sich hat: wertvolle Omega-3-Fettsäuren für Herz und Kreislauf, komplexe Kohlenhydrate für eine gute Sättigung, reichlich Ballaststoffe für einen stabilen Blutzucker und viel Magnesium für die Muskel- und Nervenfunktion.

NOCH SMARTER

Das Powerbrot zusätzlich mit ein paar Kräutern anrichten: Probieren Sie zum Beispiel frischen Dill, der hervorragend zu Gurke und Lachs passt und die Verdauungssäfte sprudeln lässt.

HÄHNCHENSALAT MIT TRAUBEN AUF GERÖSTETEM BROT

PROTEIN 61 g pro Portion

Pro Portion: Kilokalorien: 677; Fett: 20 g; gesättigte Fettsäuren: 5,3 g; Kohlenhydrate: 57 g; Zucker: 0 g; Ballaststoffe: 13 g

45 MIN.

Zutaten für 2 Portionen

2 Hähnchenbrustfilets (ca. 400 g)
Salz
Pfeffer
1 EL Olivenöl
25 g Walnusskerne
100 g kernlose Weintrauben
2 Stangen Staudensellerie (ca. 120 g)
2 Frühlingszwiebeln
100 g Schmand
125 g Joghurt (0,3 % Fett)
etwas getrockneter Estragon
2 EL Worcestersauce
1 Chicorée
4 Scheiben Roggen-Vollkornbrot

1. Hähnchenbrüste kalt abspülen, trocken tupfen und mit Salz und Pfeffer würzen.
2. Öl in einer Pfanne erhitzen und das Fleisch darin von jeder Seite 3 Minuten braten. Boden der Pfanne mit Wasser bedecken und Fleisch zugedeckt weitere 4 Minuten bei mittlerer Hitze garen, gegebenenfalls etwas Wasser nachgießen. Hähnchen abkühlen lassen.
3. Inzwischen die Walnüsse grob hacken und in einer zweiten Pfanne ohne Fett rösten.
4. Trauben waschen und halbieren. Staudensellerie putzen, waschen, entfädeln und in sehr kleine Würfel schneiden. Frühlingszwiebeln putzen, waschen und in feine Ringe schneiden. Das Hähnchenfleisch in Streifen schneiden.
5. Alle vorbereiteten Zutaten in einer Schüssel mit Schmand, Joghurt und Estragon mischen. Mit Salz, Pfeffer und Worcestersauce würzen. 30 Minuten ziehen lassen.
6. Chicorée waschen, putzen, den bitteren Kern keilförmig herausschneiden, dann Chicorée quer in feine Streifen schneiden und unter den Salat mischen.
7. Brotscheiben unter dem heißen Backofengrill oder im Toaster rösten, eventuell auch in einer beschichteten Pfanne, und den Salat darauf verteilen.

NOCH SMARTER

Zwischen zwei Vollkornscheiben ist der Salat auch unterwegs ein idealer Begleiter: Damit werden Sie schnell satt und topfit.

WARUM GESUND

Der Salat macht dank seines hohen Ballaststoffgehalts lange satt. Und er liefert wichtige Mineralstoffe wie Eisen, Magnesium und Kalium. Eisen versorgt den Körper mit Sauerstoff und erhält so die Leistungsfähigkeit. Magnesium ist für gut funktionierende Muskeln und starke Nerven unerlässlich und Kalium für einen ausgeglichenen Flüssigkeitshaushalt.

CIABATTA MIT RÄUCHERLACHS UND MEERRETTICH-FRISCHKÄSE-CREME

PROTEIN 18 g pro Portion

Pro Portion: Kilokalorien: 240; Fett: 10 g; gesättigte Fettsäuren: 2,8 g; Kohlenhydrate: 17 g; Zucker: 0 g; Ballaststoffe: 3 g

35 MIN.

Zutaten für 6 Portionen

- 200 g Vollkorn-Ciabatta
- 1 kleine Knoblauchzehe
- 400 g Räucherlachs (in Scheiben)
- 1 Bund Frühlingszwiebeln
- ½ Bund Dill
- 1 EL süßer Senf
- 2 EL Rapsöl
- Pfeffer
- ½ Zitrone
- 100 g Frischkäse (13 % Fett)
- Salz
- 1 Stück frischer Meerrettich (ca. 25 g)

1. Das Brot in 1 cm dicke Scheiben schneiden. Brot im vorgeheizten Backofen bei 200 °C Ober-/Unterhitze (Umluft 180 °C, Gas: Stufe 3) auf der mittleren Schiene auf dem Rost goldgelb backen. Herausnehmen und etwas abkühlen lassen.
2. Knoblauch schälen und die Brotscheiben damit leicht einreiben.
3. Lachs fein hacken. Frühlingszwiebeln waschen, putzen und in feine Ringe schneiden. Dill waschen, trocken schütteln, die Fähnchen abzupfen. Einige beiseitelegen, den Rest fein hacken.
4. Lachs, Zwiebeln, Dill und Senf mit dem Öl in einer Schüssel verrühren und mit etwas Pfeffer würzen.
5. Zitrone auspressen. Den Frischkäse mit etwas Zitronensaft glatt rühren. Mit Salz und Pfeffer würzen.
6. Meerrettich schälen, fein reiben und unter den Frischkäse rühren.
7. Jede Brotscheibe mit etwas Frischkäse bestreichen, den Lachs darauf verteilen und mit dem beiseitegelegten Dill garnieren.

NOCH SMARTER

Wählen Sie möglichst Wildlachs für dieses Rezept. Der schmeckt wesentlich würziger als seine gezüchteten Artgenossen.

WARUM GESUND

Mit den üppig belegten Crostini können Sie mächtig punkten – nicht nur geschmacklich. Lachs liefert nämlich viele wertvolle Omega-3-Fettsäuren, die sich positiv auf erhöhte Blutfettwerte auswirken.

GEFÜLLTE WASABI-EIER MIT KRESSE UND PUTENBRUST

PROTEIN 21 g pro Portion

Pro Portion: Kilokalorien: 218; Fett: 13 g; gesättigte Fettsäuren: 4,3 g; Kohlenhydrate: 3 g; Zucker: 0 g; Ballaststoffe: 0 g

30 MIN.

Zutaten für 4 Portionen

6 Eier
2 EL Salatcreme
2 EL Joghurt (1,5 % Fett)
1 TL Wasabi-Paste
Salz
Pfeffer
½ Bio-Limette
125 g geräucherte Putenbrust (in Scheiben)
1 Beet Kresse

1. Eier anpiksen und in einem Topf mit kochendem Wasser 9–10 Minuten hart kochen. Eier abgießen, mit kaltem Wasser abschrecken, pellen und abkühlen lassen.
2. Salatcreme in einer Schüssel mit Joghurt und Wasabi verrühren. Mit Salz und Pfeffer würzen.
3. Limette heiß abwaschen, trocken reiben, die Schale fein abreiben und die Limette auspressen.
4. Putenbrustaufschnitt fein würfeln und mit Limettenschale und -saft mischen. Salzen und pfeffern.
5. Eier längs halbieren, die Eigelbe herauslösen und fein hacken.
6. Eihälften zuerst mit der Wasabi-Creme, dann mit dem gehackten Ei und der Putenbrust füllen.
7. Kresse vom Beet schneiden. Die gefüllten Eier auf einer Platte anrichten und mit der Kresse bestreuen.

NOCH SMARTER

Fleischfreie Variante: Putenbrust durch Räucherlachs oder Nordseekrabben ersetzen.

WARUM GESUND

Neben Fleisch, Fisch und Milchprodukten enthalten auch Eier viel Vitamin B12. Das nahezu ausschließlich in tierischen Lebensmitteln vorkommende Vitamin sorgt für gesunde Schleimhäute und unterstützt das Zellwachstum.

PROTEIN 21 g pro Portion

LINSENCREME

Pro Portion: Kilokalorien: 325; Fett: 1,8 g; gesättigte Fettsäuren: 0,2 g; Kohlenhydrate: 59,7 g; Zucker: 0 g; Ballaststoffe: 18,7 g

27 MIN.

Zutaten für 1 Portion

1 Zwiebel

1 Stück frischer Ingwer (ca. 1,5 cm)

1 Knoblauchzehe

200 g gelbe Linsen

Salz

2 EL Joghurt-Alternative aus Soja

1 TL Kreuzkümmel

Pfeffer

Zitronensaft

Kurkuma

1. Die Zwiebel, den Ingwer sowie den Knoblauch schälen und klein würfeln. Zusammen mit den Linsen in einem Topf mit etwa 400–450 ml Salzwasser ca. 12 Minuten garen. Dabei ab und zu umrühren.
2. Anschließend Linsen mit dem Kartoffelstampfer zerdrücken und etwas abkühlen lassen. Dann den Joghurt und den Kreuzkümmel unterrühren und alles mit Salz, Pfeffer, Zitronensaft und Kurkuma abschmecken. Der Linsendip passt prima zu Fladenbrot.

RÄUCHERPUTENBRUST-CREME MIT FRÜHLINGSZWIEBELN

PROTEIN 16 g pro Portion

Pro Portion: Kilokalorien: 118; Fett: 5 g; gesättigte Fettsäuren: 2,9 g; Kohlenhydrate: 2 g; Zucker: 0 g; Ballaststoffe: 0,5 g

10 MIN.

Zutaten für 2 Portionen

1 Frühlingszwiebel

100 g geräucherte Putenbrust (in Scheiben)

2 EL Kochsahne

2 EL Crème fraîche mit Kräutern (15 % Fett)

1 TL mittelscharfer Senf

Pfeffer

1. Die Frühlingszwiebel waschen und putzen; die weißen Teile würfeln und in ein hohes Gefäß geben. Grüne Zwiebelteile in sehr feine Ringe schneiden und beiseitestellen.
2. Den Putenbrustaufschnitt fein würfeln und in das hohe Gefäß füllen.
3. Kochsahne, Crème fraîche und Senf zufügen und alles mit einem Stabmixer fein pürieren. Mit Pfeffer abschmecken, mit Zwiebelgrün bestreuen und servieren.

NOCH SMARTER

Für ballaststoffhaltigen Biss mischen Sie kleine Radieschenwürfel und/oder Schnittlauchröllchen unter die kalorienarme Creme.

WARUM GESUND

Viel mehr Eiweiß passt kaum aufs Brot. Nicht nur Putenfleisch enthält eine Reihe wertvoller Eiweißbausteine (Aminosäuren), die speziell beim Wachstum eine große Rolle spielen – auch Sahne und Crème fraîche beliefern den Körper mit dem für Zellen und Muskeln so wichtigen Nährstoff.

ROASTBEEF-SANDWICH MIT CURRYCREME UND GEGRILLTER ANANAS

PROTEIN 31 g pro Portion

Pro Portion: Kilokalorien: 524; Fett: 18 g; gesättigte Fettsäuren: 6,8 g; Kohlenhydrate: 55 g; Zucker: 2 g; Ballaststoffe: 8,5 g

15 MIN.

Zutaten für 1 Portion

100 g frische Ananas
1 TL Rapsöl
Salz
Pfeffer
3 EL Joghurt-Salatcreme
1 TL rote Currypaste
1 Limette
100 g Chinakohl
2 Scheiben Roggen-Vollkornbrot oder 1 Vollkorn-Baguettebrötchen
75 g Roastbeef-Aufschnitt (ohne Fettrand)

1. Ananas schälen, putzen und in dünne Scheiben schneiden.
2. Eine Grillpfanne erhitzen und mit dem Öl auspinseln. Ananas darin goldbraun grillen. Mit Salz und Pfeffer würzen. Herausnehmen und abkühlen lassen.
3. Salatcreme in einer Schüssel mit der Currypaste verrühren. Limette ausdrücken und den Saft zur Creme träufeln. Chinakohl putzen, in Streifen schneiden, waschen und trocken schleudern.
4. Das Brot nach Belieben leicht toasten, mit der Currycreme bestreichen.
5. Ananas und Chinakohl auf einer Brotscheibe verteilen. Mit dem Roastbeef belegen und die zweite Brothälfte als Deckel darauflegen. Zum Mitnehmen in Butterbrotpapier wickeln.

WARUM GESUND

Der asiatisch anmutende Snack bietet eine ausgewogene Mischung aller wichtigen Nährstoffe: gute Fettsäuren aus den Pflanzenölen der Salatcreme, sättigendes Protein aus magerem Fleisch und Ballaststoffe aus Vollkorn und dazu noch Vitamine.

NOCH SMARTER

Wer gern mal variiert, kann das Brot auch mit Putenbrust- oder Hähnchenbrustaufschnitt, mit fettarmem Kochschinken oder mit Bündner Fleisch belegen.

PROTEIN 24 g pro Portion

LACHS-RÜHREI

Pro Portion: Kilokalorien: 316; Fett: 23 g; gesättigte Fettsäuren: 16,5 g; Kohlenhydrate: 2 g; Zucker: 0 g; Ballaststoffe: 0 g

15 MIN.

Zutaten für 4 Portionen

1 EL Rapsöl
8 Eier
4 EL Milch (1,5 % Fett)
Salz
frisch gemahlener weißer Pfeffer
4 Stängel Dill
½ Zitrone
150 g Räucherlachs (in Scheiben)
4 TL Meerrettich aus dem Glas

1. Das Öl in einer beschichteten Pfanne erhitzen. Die Eier in einer Schüssel mit Milch verquirlen und mit Salz und Pfeffer würzen. Das verquirlte Ei in die Pfanne schütten und unter Rühren in ca. 4 Minuten stocken lassen.
2. Währenddessen Dill abbrausen, trocken schütteln und eventuell ein paar Blättchen abzupfen. Die Zitrone in Spalten schneiden.
3. Das Rührei auf vier Teller verteilen und mit Räucherlachs belegen. Dazu je 1 TL Meerrettich und 1 Spalte Zitrone anrichten und Rührei nach Belieben mit dem abgezupften Dill bestreuen. Mit den Dillstängeln garnieren und sofort servieren.

QUARK-EIER-BAGUETTE MIT FRANKFURTER KRÄUTERMISCHUNG

PROTEIN 26 g pro Portion

Pro Portion: Kilokalorien: 357; Fett: 8 g; gesättigte Fettsäuren: 2,3 g; Kohlenhydrate: 42 g; Zucker: 0 g; Ballaststoffe: 7,5 g

25 MIN.

Zutaten für 1 Portion

1 Ei
1 Bund Frankfurter Kräuter
½ kleine Zitrone
3 EL Magerquark
Salz
Pfeffer
2 grüne Salatblätter
1 Vollkorn-Baguettebrötchen
Paprikapulver (edelsüß)

1. Das Ei anpiksen und in einem Topf mit kochendem Wasser in 8–9 Minuten hart kochen. Abgießen, mit kaltem Wasser abschrecken und pellen. Dann mit einem Eierschneider oder einem Messer in kleine Würfel schneiden.
2. Die Kräuter waschen und trocken schütteln. Grobe Stiele entfernen, den Rest fein hacken.
3. Zitrone auspressen. Den Saft in einer Schüssel mit Quark, gehackten Kräutern, Salz und Pfeffer verrühren. Das gewürfelte Ei untermischen.
4. Salatblätter waschen und trocken schleudern. Brötchen halbieren, untere Hälfte mit den Blättern belegen. Eier-Kräuter-Quark darauf verteilen, mit Paprika würzen und die obere Brötchenhälfte als Deckel auflegen.
5. Zum Mitnehmen in Butterbrotpapier einpacken (bzw. zum Gleichessen auf einen Teller geben) und vor dem Verzehren einmal quer halbieren.

WARUM GESUND

Der klassische Kräutermix punktet mit wertvollen Vitaminen und Nährstoffen, die den Stoffwechsel aktivieren und die Verdauung unterstützen. Ei und Quark liefern reichlich Eiweiß, das die komplexen Kohlenhydrate vom Vollkornbrot perfekt ergänzt und für lange Sättigung sorgt.

NOCH SMARTER

Gut sortierte Gemüseläden bieten zur Saison nicht nur in Hessen die klassische Kräutermischung für die Frankfurter Grüne Sauce fix und fertig an. Wer sie nicht bekommt, nimmt Kräuter nach Belieben und stellt sich die Mischung selbst zusammen. Laut Tradition sollen es (mindestens!) diese sieben sein: Petersilie, Schnittlauch, Kerbel, Kresse, Pimpinelle, Sauerampfer und Borretsch.

GEFÜLLTE KLEINE PFANNKUCHEN MIT RICOTTA, EI UND SCHINKEN

PROTEIN 58 g pro Portion

Pro Portion: Kilokalorien: 806; Fett: 44 g; gesättigte Fettsäuren: 21 g; Kohlenhydrate: 43 g; Zucker: 0 g; Ballaststoffe: 2 g

45 MIN.

Zutaten für 4 Portionen

10 Eier
Salz
200 g Mehl
450 ml Milch (1,5 % Fett)
Pfeffer aus der Mühle
Muskat
2 EL Rapsöl
40 g Butterschmalz
400 g Ricotta
8 Scheiben gekochter Schinken

1. 2 Eier trennen und das Eiweiß in einer Schüssel mit einer Prise Salz steif schlagen. Die Eigelbe in einer zweiten Schüssel mit dem Mehl und der Milch zu einem glatten Teig verrühren, das Eiweiß unterheben und den Teig ca. 20 Minuten ruhen lassen.
2. Den Backofen auf 80 °C Ober- und Unterhitze vorheizen. Zwischenzeitlich die restlichen Eier in eine Schüssel aufschlagen, verquirlen und mit Salz, Pfeffer und Muskat würzen. Öl in einer Pfanne erhitzen. Ei hineinschütten, anstocken lassen und mithilfe einer Gabel nur leicht verquirlen. Vom Herd ziehen und abkühlen lassen.
3. In einer weiteren Pfanne etwas Butterschmalz zerlassen und 1 Schöpfkelle von dem Pfannkuchenteig hineingeben. Durch Drehen und leichtes Kippen der Pfanne den Teig gleichmäßig verteilen und auf jeder Seite 1–2 Minuten braten. Herausnehmen und im vorgeheizten Ofen warm halten. Mit dem übrigen Teig genauso verfahren, bis 8 Pfannkuchen ausgebacken sind und der Teig verbraucht ist.
4. Die Pfannkuchen nebeneinander auf einer Arbeitsplatte ausbreiten, dünn mit Ricotta bestreichen, leicht salzen und pfeffern, mit je 1 Scheibe Schinken und etwas Rührei belegen, zur Hälfte zusammenklappen und einmal halbieren. Auf Teller gestapelt servieren.

AVOCADO MIT HÜTTENKÄSE AUF KNÄCKEBROT

PROTEIN 10 g pro Portion

Pro Portion: Kilokalorien: 320; Fett: 22 g; gesättigte Fettsäuren: 5 g; Kohlenhydrate: 19 g; Zucker: 0 g; Ballaststoffe: 10 g

10 MIN.

Zutaten für 4 Portionen

100 g Hüttenkäse
1 TL Paprikapulver (scharf)
Salz
Pfeffer aus der Mühle
8 Scheiben Knäckebrot
2 EL Mandelstifte
1 Avocado
2 EL Zitronensaft
Schnittlauchhalme zum Garnieren

1. Den Hüttenkäse mit Paprikapulver, Salz und Pfeffer würzen, die Knäckebrote damit bestreichen, mit Mandeln bestreuen und diese leicht andrücken.
2. Avocado schälen, halbieren, den Stein entfernen, das Fruchtfleisch in Scheiben schneiden und sofort mit Zitronensaft beträufeln.
3. Die Brote mit Avocadoscheiben belegen, mit Pfeffer übermahlen und mit Schnittlauch garniert servieren.

JOGHURT UND QUARK

ZITRONEN-KARDAMOM-QUARK AUF FRISCHEN FEIGEN

PROTEIN 11 g pro Portion

Pro Portion: Kilokalorien: 164; Fett: 4 g; gesättigte Fettsäuren: 1,1 g; Kohlenhydrate: 20 g; Zucker: 5 g; Ballaststoffe: 2 g

10 MIN.

Zutaten für 2 Portionen

½ Bio-Zitrone
100 g Magerquark
150 g Joghurt (1,5 % Fett)
½ TL gemahlener Kardamom
2 TL flüssiger Honig
2 frische Feigen
2 TL Pistazien

1. Zitrone heiß abspülen, trocken reiben und 1 TL Schale abreiben.
2. In einer Schüssel Zitronenschale mit Quark, Joghurt, Kardamom und Honig verrühren. Etwa 5 Minuten ziehen lassen.
3. Inzwischen Feigen waschen, trocken tupfen und in Scheiben schneiden. Pistazien fein hacken.
4. Feigen auf Tellern anrichten. Quarkmischung darübergeben und mit Pistazien bestreuen.

WARUM GESUND

Eine Portion enthält je ein Fünftel Ihres Tagesbedarfs an den Mineralstoffen Kalium und Kalzium – und das bei wenig Fett und kaum Kalorien. Kalium ist wichtig für die Regulierung des Wasserhaushalts im Körper, Kalzium kräftigt Knochen und Zähne. Beide sorgen dafür, dass der Herzmuskel richtig arbeitet und die Reizleitung der Nervenzellen funktioniert.

NOCH SMARTER

Auch prima als Zwischenmahlzeit zum Mitnehmen. Geben Sie nach Belieben noch etwas Vollkorn-Crunchy dazu: Es liefert darmgesunde Ballaststoffe.

CREMIGER FRÜCHTEQUARK MIT MANDELN

PROTEIN 23 g pro Portion

Pro Portion: Kilokalorien: 336; Fett: 9 g; gesättigte Fettsäuren: 1,1 g; Kohlenhydrate: 38 g; Zucker: 0 g; Ballaststoffe: 7 g

10 MIN.

Zutaten für 2 Portionen

1 Orange (ca. 200 g)

100 g getrocknetes Obst (z. B. Aprikosen, Pflaumen, Apfelringe, Feigen)

1 EL gehackte Mandeln (ca. 10 g)

1 EL Pinienkerne (ca. 10 g)

250 g Magerquark

2 EL Mineralwasser mit Kohlensäure

1. Orange halbieren und auspressen.
2. Getrocknetes Obst fein würfeln und in eine Schüssel geben. Orangensaft darübergießen und die Mischung etwa 15 Minuten ziehen lassen.
3. Inzwischen Mandeln und Pinienkerne unter Rühren in einer beschichteten Pfanne ohne Fett goldbraun rösten. Auf einen Teller geben und etwas abkühlen lassen.
4. Quark in einer Schüssel mit Mineralwasser cremig aufschlagen, Obstwürfel samt Flüssigkeit unterrühren.
5. Früchtequark auf Gläser verteilen und mit Mandeln und Pinienkernen bestreuen.

WARUM GESUND

Wenig Fett und Zucker, aber viel Eiweiß und Ballaststoffe: So sieht idealer Genuss aus. Vor allem für all jene, die ihrem Herz-Kreislauf-System Gutes tun wollen. Schließlich helfen Ballaststoffe dabei, überschüssiges Cholesterin auszuscheiden und dadurch den Cholesterinspiegel zu senken!

NOCH SMARTER

Mit zusätzlich je 1 EL Haferflocken und Leinsamen bringen Sie weitere wertvolle Ballaststoffe ins Spiel und verwandeln den Früchtequark in ein üppig-gesundes Müsli.

KOKOS-MANGO-QUARK MIT CRANBERRYS

PROTEIN 23 g pro Portion

Pro Portion: Kilokalorien: 308; Fett: 10 g; gesättigte Fettsäuren: 5,9 g; Kohlenhydrate: 30 g; Zucker: 4 g; Ballaststoffe: 5,5 g

15 MIN.

Zutaten für 2 Portionen

½ Mango (ca. 200 g)
2 EL getrocknete Cranberrys
50 ml Ananassaft
2 TL ungesalzene Erdnusskerne
300 g Magerquark
3 EL Kokosmilch (9 % Fett)
2 EL Kokosraspel
2 TL flüssiger Honig (vorzugsweise Tannenhonig)
Mineralwasser nach Belieben

1. Die halbe Mango mit einem Sparschäler schälen. Das Fruchtfleisch in Scheiben vom Stein schneiden und klein würfeln.
2. Mangowürfel in eine Schüssel geben, Cranberrys und Ananassaft untermischen und etwa 5 Minuten ziehen lassen.
3. Inzwischen die Erdnüsse mit einem großen Messer grob hacken.
4. Quark, Kokosmilch, Kokosraspel und Honig zur Mangomischung geben und unterrühren. Nach Belieben mit etwas Mineralwasser cremig rühren.
5. Den Kokos-Mango-Quark auf 2 Schälchen verteilen. Erdnüsse darüberstreuen und sofort servieren.

WARUM GESUND

Nicht nur der weiße »Eiweißriese« Magerquark liefert hier knochenstärkendes Kalzium, auch Kokosraspel und Erdnüsse tragen ihren Teil bei und bringen außerdem etwa die Hälfte des Tagesbedarfs an Vitamin B12 (u. a. gut für das Herz- und Kreislaufsystem) ins Dessertschälchen.

NOCH SMARTER

An warmen Tagen ersetzt der köstliche Kokosquark auch mal das Mittagessen – dafür eine ganze Mango nehmen und eventuell 100 Gramm mehr Quark untermischen.

GEEISTE KEFIRSUPPE MIT BROMBEEREN

PROTEIN 20 g pro Portion

Pro Portion: Kilokalorien: 333; Fett: 9 g; gesättigte Fettsäuren: 2 g; Kohlenhydrate: 35 g; Zucker: 5 g; Ballaststoffe: 9,5 g

20 MIN.

Zutaten für 2 Portionen

- 250 g Brombeeren
- 1 EL Zitronensaft
- 4 EL Ahornsirup
- 300 ml Kefir
- 150 g Magerquark
- 2 EL Mandelblättchen
- 2 EL Hagebuttenmark

1. Brombeeren putzen, abspülen, in einem Sieb gut abtropfen lassen und in eine Schüssel geben. Zitronensaft und die Hälfte des Ahornsirups unter die Brombeeren mischen und diese 15 Minuten ziehen (marinieren) lassen.
2. Kefir und Quark 15 Minuten im Gefrierfach kühlen.
3. Mandelblättchen in einer Pfanne ohne Fett hellbraun rösten. Auf einen Teller schütten und abkühlen lassen.
4. Kefir, Quark, Hagebuttenmark und den restlichen Ahornsirup in eine Schüssel geben und gut verrühren. Mit den Brombeeren auf Teller verteilen und mit den Mandelblättchen bestreut servieren.

NOCH SMARTER

Als Zwischenmahlzeit für zu Hause oder bei der Arbeit ist die geeiste Kefirsuppe auch sehr gut geeignet, denn sie lässt sich schnell zusammenrühren. Bis zum Genuss bleibt sie dann im Kühlschrank.

WARUM GESUND

Diese leichte Suppe enthält kaum Fett und nur den Zucker aus den Beeren, dafür jede Menge Mineralstoffe wie etwa Kalzium, Kalium und Magnesium. Kalzium ist ein wichtiger Baustoff für Knochen und Zähne. Kalium sorgt für den richtigen Druck in der Zelle. Und Magnesium hat einen wesentlichen Einfluss auf die Muskeltätigkeit.

JOGHURTCREME MIT PISTAZIEN

PROTEIN 12 g pro Portion

Pro Portion: Kilokalorien: 180; Fett: 8 g; gesättigte Fettsäuren: 2,9 g; Kohlenhydrate: 14 g; Zucker: 8 g; Ballaststoffe: 1 g

15 MIN. + 5 STD. RUHEZE

Zutaten für 4 Portionen

3 Blätter weiße Gelatine
3 Blätter rote Gelatine
400 g Joghurt (1,5 % Fett)
75 g Frischkäse (13 % Fett)
1 EL feiner Rohrzucker (30 g)
3 EL Granatapfelsaft
3 Eier
2 EL Pistazienkerne (30 g)
3 Stängel Zitronenmelisse

1. Gelatine nach Packungsanleitung in kaltem Wasser einweichen.
2. Joghurt, Frischkäse und Zucker in einer Schüssel mit einem Schneebesen glatt rühren.
3. Granatapfelsaft in einem kleinen Topf erwärmen. Gelatine leicht ausdrücken, im warmen Saft auflösen und unter die Joghurtmasse rühren. Joghurtcreme kalt stellen.
4. Sobald die Joghurtcreme zu gelieren beginnt, Eier trennen. Eiweiße in einer Schüssel mit einem Mixer steif schlagen und mit einem Gummispachtel gleichmäßig unter die Creme heben (Eigelbe anderweitig verwenden).
5. Joghurtcreme in Gläser füllen und zugedeckt 3–4 Stunden kalt stellen.
6. Kurz vor dem Servieren die Pistazien grob hacken. Zitronenmelisse waschen, trocken schütteln und die Blätter abzupfen. Joghurtcreme mit Pistazien und Zitronenmelisse bestreuen.

NOCH SMARTER

Verwenden Sie für das Rezept nur ganz frische Eier aus dem Kühlschrank – am besten Bio-Eier – und stellen Sie die Joghurtcreme sofort kalt. Übrigens: Statt Gelatine können Sie hier auch das rein pflanzliche Agar-Agar nehmen.

WARUM GESUND

Knapp ein Fünftel des täglichen Kalziumbedarfs bringt die aromatische Nachspeise auf den Tisch. Nicht nur die Knochen und Zähne benötigen diesen Mineralstoff, sondern auch die Muskeln: Ohne Kalzium werden sie schwach und unbeweglich.

KOKOS-KEFIR-QUARK MIT HONIGMELONE

PROTEIN 10 g pro Portion

Pro Portion: Kilokalorien: 139; Fett: 4 g; gesättigte Fettsäuren: 3,5 g; Kohlenhydrate: 13 g; Zucker: 3 g; Ballaststoffe: 1,5 g

15 MIN.

Zutaten für 2 Portionen

1 EL Kokosraspel
½ Honigmelone (ca. 200 g Fruchtfleisch)
1 Stängel Zitronenmelisse
½ Zitrone
100 g Magerquark
150 ml Kefir
1 EL Ahornsirup

1. Kokosraspel in einer beschichteten Pfanne ohne Fett rösten und auf einem Teller abkühlen lassen.
2. Melone halbieren, entkernen, in Spalten schneiden, schälen und Fruchtfleisch klein würfeln.
3. Zitronenmelisse waschen, trocken schütteln, Blätter abzupfen und in feine Streifen schneiden.
4. Zitrone auspressen und den Saft in eine Schüssel geben. Quark, Kefir und Ahornsirup unterrühren.
5. Kokosraspel zugeben, dann die Melonenwürfel untermischen und alles etwa 5 Minuten ziehen lassen.
6. Den Kokos-Kefir-Quark in 2 Schälchen geben, mit Zitronenmelisse bestreuen und servieren.

WARUM GESUND

Naschen mit allerbestem Gewissen: Die angenehm süßsäuerliche Quarkspeise schließt das Mittag- oder Abendessen mit extrem wenig Fett und Kalorien so köstlich wie erfrischend ab. Reichlich Eiweiß, Kalzium und Vitamine gibt´s ganz nebenbei noch dazu!

NOCH SMARTER

Wenn Sie es gern farbenfroh mögen, mischen Sie einfach Honig-, Wasser- und orangefarbene Cantaloupe-Melone!

HIMBEER-CHIA-SAMEN-JOGHURT

PROTEIN 13,2 g pro Portion

Pro Portion: Kilokalorien: 290; Fett: 9,9 g; gesättigte Fettsäuren: 2,5 g; Kohlenhydrate: 39,2 g; Zucker: 6,1 g; Ballaststoffe: 10 g

20 MIN. + 12 STD. RUHE

Zutaten für 4 Portionen

4 EL Chia-Samen
400 ml Vollmilch oder Sojadrink
300 g Himbeeren
400 g Joghurt (3,5 % Fett)
10 g Walnusskerne
1 EL Quinoaflocken
1 EL geschrotete Leinsamen
20 g Rosinen
2 EL Ahornsirup

1. Die Chia-Samen in eine Schüssel geben, mit der Milch verrühren und zugedeckt über Nacht im Kühlschrank quellen lassen.
2. Die Himbeeren verlesen, nur falls nötig abbrausen und trocken tupfen. Mit einer Gabel fein zerdrücken und unter die Chiamasse rühren. In vier kleine Gläser füllen. Den Joghurt darauf verteilen.
3. Die Walnüsse klein hacken und in einer Schüssel mit den Quinoaflocken, Leinsamen, Rosinen und dem Ahornsirup vermengen. Je etwa 1 EL davon auf den Joghurt geben und servieren.

FRÜCHTEQUARK MIT LEINÖL

PROTEIN 11 g pro Portion

Pro Portion: Kilokalorien: 349; Fett: 23 g; gesättigte Fettsäuren: 2,7 g; Kohlenhydrate: 24 g; Zucker: 0 g; Ballaststoffe: 3,1 g

5 MIN.

Zutaten für 1 Portion

3 EL Magerquark

3 EL Vollmilch

2 EL kalt gepresstes Leinöl in Bio-Qualität

1 Spritzer Zitronensaft

Honig zum Süßen (nach Belieben)

1 Handvoll Obst (nach Wahl; z. B. Banane, Himbeeren, Mango)

1 TL geschrotete Leinsamen (oder Mandelsplitter)

1. Quark, Milch, Öl und Zitronensaft in eine Schüssel geben und mit einem Handmixer oder einem Pürierstab gründlich verrühren. Nach Belieben etwas Honig zum Süßen unterrühren.
2. Das Obst nach Bedarf schälen, waschen und putzen und in mundgerechte Stücke schneiden.

PROTEIN 12 g pro Portion

BIRNEN-MANDEL-SALAT

Pro Portion: Kilokalorien: 210; Fett: 4 g; gesättigte Fettsäuren: 0,9 g; Kohlenhydrate: 30 g; Zucker: 10 g; Ballaststoffe: 5,5 g

15 MIN.

Zutaten für 4 Portionen

2 EL Mandelblättchen (20 g)
5 Birnen
1 Bio-Zitrone
250 g Magerquark
200 g Joghurt (1,5 % Fett)
1 EL Mandelsirup
1 EL Honig

1. Die Mandelblättchen in einer Pfanne ohne Fett goldbraun rösten und beiseitestellen.
2. Birnen waschen, vierteln, entkernen, Fruchtfleisch in Würfel schneiden und in eine große Schüssel geben. Die Zitrone heiß abwaschen, die Schale abreiben und den Saft auspressen. 1 TL Zitronenschale mit der Hälfte des Saftes unter die Birnenwürfel mischen.
3. Den Quark mit Joghurt, restlichem Zitronensaft, Sirup, Honig und Mandeln in einer Schüssel verrühren und auf die Birnen geben.

MÜSLI, PORRIDGE UND BREI

SANDDORN-QUARK-MÜSLI MIT TRAUBEN UND PHYSALIS

PROTEIN 27 g pro Portion

Pro Portion: Kilokalorien: 420; Fett: 10 g; gesättigte Fettsäuren: 1,3 g; Kohlenhydrate: 53 g; Zucker: 4 g; Ballaststoffe: 4 g

15 MIN.

Zutaten für 2 Portionen

300 g Magerquark
2 EL Mineralwasser mit Kohlensäure
4 EL Sanddornsaft (mit Honig gesüßt)
4 EL Nussmüsli
150 g Physalis
150 g helle kernlose Weintrauben

1. Quark in einer Schüssel mit Mineralwasser cremig aufschlagen.
2. Sanddornsaft und Müsli unterrühren.
3. Physalis aus den Blatthüllen lösen. Physalis und Trauben waschen und abtropfen lassen. Je nach Größe halbieren oder vierteln.
4. Früchte unter die Müsli-Quark-Mischung rühren und Quark in Schüsseln anrichten.

WARUM GESUND

Mit seinem hohen Vitamin-C-Gehalt und den vielen B-Vitaminen sammelt das kernige Frühstück viele Pluspunkte. Eine Portion deckt den täglichen Vitamin-C-Bedarf bereits zu 90 Prozent! Das kommt vor allem jenen zugute, die regelmäßig Medikamente einnehmen wie z. B. die Pille oder Aspirin und dadurch mehr als andere auf eine gute Tagesversorgung angewiesen sind.

NOCH SMARTER

Mögen Sie es besonders ballaststoffreich? Dann streuen Sie noch 1 EL geschrotete Leinsamen oder Haferkleie über das Müsli.

BEEREN-PORRIDGE MIT APRIKOSEN

PROTEIN 13 g pro Portion

Pro Portion: Kilokalorien: 349; Fett: 7 g; gesättigte Fettsäuren: 3,8 g; Kohlenhydrate: 55 g; Zucker: 4 g; Ballaststoffe: 9 g

30 MIN.

Zutaten für 2 Portionen

4 getrocknete Aprikosen
500 ml Milch (1,5 % Fett)
1 TL Butter (ca. 5 g)
1 Prise Salz
70 g Buchweizengrütze
300 g gemischte Beeren (z. B. Erdbeeren, Himbeeren, Heidelbeeren)
2 TL Agavendicksaft

1. Aprikosen fein würfeln.
2. Milch, Butter und Salz in einen Topf geben und aufkochen. Buchweizengrütze und Aprikosen zugeben und alles unter Rühren 15–20 Minuten quellen lassen.
3. Inzwischen Beeren waschen, abtropfen lassen und putzen. Erdbeeren vierteln.
4. Agavendicksaft unter den Buchweizen-Porridge rühren. Porridge in Schüsseln verteilen und die Beeren darübergeben.

WARUM GESUND

Die mit frischen Früchten üppig bestückte Buchweizengrütze enthält alles, was sich Ernährungsexperten von einer gesunden Morgenmahlzeit wünschen: viele Kohlenhydrate für ein ausgeglichenes Blutzuckerprofil, Eiweiß für die Nervenzellen und reichlich Ballaststoffe für eine lang anhaltende Sättigung. Obendrauf gibt's einen Vitamin- und Mineralstoffmix, der sich wahrlich sehen lassen kann.

BREAKFAST-QUINOA

PROTEIN 14 g pro Portion

Pro Portion: Kilokalorien: 335; Fett: 9 g; gesättigte Fettsäuren: 2,2 g; Kohlenhydrate: 48 g; Zucker: 0 g; Ballaststoffe: 8,9 g

20 MIN.

Zutaten für 2 Portionen

100 g Quinoa
300 ml Milch oder Wasser
2 Handvoll Obst
2 EL Sonnenblumenkerne
Honig nach Belieben

1. Quinoa in einem Sieb so lange mit kaltem Wasser abspülen, bis das Wasser klar bleibt.
2. Die Milch in einem Topf zum Kochen bringen und Quinoa einstreuen. Nun zugedeckt bei kleiner Hitze etwa 15 Minuten köcheln lassen, bis die Körner weich sind.
3. In der Zwischenzeit das Obst waschen, gegebenenfalls entkernen und in mundgerechte Stücke schneiden.
4. Quinoa vom Herd nehmen, durchrühren und weitere 5 Minuten quellen lassen.
5. Das fertige Getreide in zwei Schüsseln füllen, das Obst und die Sonnenblumenkerne darübergeben und nach Belieben mit Honig beträufeln.

MULTIKORN-PORRIDGE MIT GEBACKENEM PFIRSICH

PROTEIN 12 g pro Portion

Pro Portion: Kilokalorien: 374; Fett: 9 g; gesättigte Fettsäuren: 4,7 g; Kohlenhydrate: 58 g; Zucker: 15 g; Ballaststoffe: 5 g

25 MIN.

Zutaten für 2 Portionen

2 Pfirsiche
4 EL Ahornsirup
5 EL 5-Korn-Getreideflockenmischung
400 ml Milch (1,5 % Fett)
1 Prise Salz
1 TL Zimt

1. Backofen auf 200 °C Ober-/Unterhitze (Umluft: 180 °C, Gas: Stufe 3) vorheizen.
2. Pfirsiche waschen, halbieren, entsteinen und die Hälften mit der Öffnung nach oben in eine Auflaufform legen. 1–2 TL Ahornsirup in jede Pfirsichhälfte geben und die Pfirsiche im Ofen 15–20 Minuten backen.
3. Inzwischen Getreideflocken, Milch und Salz in einen Topf geben und bei mittlerer Hitze unter ständigem Rühren aufkochen. Dann 1 Minute weiterköcheln lassen.
4. Topf vom Herd nehmen, Zimt unter den Porridge rühren und diesen mit Frischhaltefolie oder einem Deckel zugedeckt 5 Minuten quellen lassen.
5. Porridge in Schälchen verteilen. Die gebackenen Pfirsichhälften auf den Porridge legen. (Sollte der Porridge zu dick sein, einfach etwas Milch untermischen.)

WARUM GESUND

Dieses etwas andere Frühstück versorgt Sie mit reichlich Kalzium. Der Mineralstoff ist unerlässlich für die Knochen- und Zahnbildung sowie für die Muskel- und Nervenerregung. Über das Betacarotin aus den Pfirsichen freuen sich Ihre Haut und Ihre Augen.

NOCH SMARTER

Pfirsiche werden bei uns überwiegend im Sommer angeboten. Wenn Sie den Porridge zum Aufwärmen an kalten Herbst- oder Wintermorgen essen möchten, dann können Sie Pflaumen, Äpfel, Birnen oder Fruchtfleischfilets von Orangen verwenden.

AMARANTH-HAFER-MÜSLI MIT NÜSSEN UND NEKTARINENSPALTEN

PROTEIN 22 g pro Portion

Pro Portion: Kilokalorien: 450; Fett: 17 g; gesättigte Fettsäuren: 1,7 g; Kohlenhydrate: 48 g; Zucker: 0 g; Ballaststoffe: 9 g

1 STD. 5 MIN.

Zutaten für 2 Portionen

5 EL kernige Haferflocken
1 EL geschrotete Leinsamen
200 ml Orangensaft
20 g Haselnusskerne
20 g Mandelkerne
150 g Magerquark
3 kleine Nektarinen, Pfirsiche oder Aprikosen
3 EL Puffamaranth

1. Haferflocken, Leinsamen und Orangensaft in einer Schüssel mischen und ca. 45 Minuten einweichen.
2. Haselnüsse und Mandeln hacken.
3. Nüsse und Quark mit der Haferflockenmischung verrühren.
4. Früchte waschen, trocken reiben, halbieren, die Steine entfernen. Die Früchte in Spalten schneiden.
5. Zum Servieren das Müsli in Schälchen verteilen und mit dem Puffamaranth bestreuen.
6. Fruchtspalten auf dem Müsli verteilen.

WARUM GESUND

Energie, Vitamine, Mineral- und Ballaststoffe und Geschmack liefert dieses Müsli in idealer Kombination. So bekommen Sie die richtige Basis für einen Vormittag voller Action. Und Sie halten damit bis zum Mittagessen leichter durch als sonst.

NOCH SMARTER

Noch gehaltvoller und sättigender wird das Müsli, wenn Sie etwas Frischkorn zugeben. Dazu am Abend 2–3 EL Getreidekörner grob schroten, mit wenig Wasser übergießen und am Morgen unter die übrigen Müslizutaten mischen.

PROTEIN 12 g pro Portion

ACAI-BOWL MIT BEEREN

Pro Portion: Kilokalorien: 512; Fett: 25 g; gesättigte Fettsäuren: 2,8 g; Kohlenhydrate: 55 g; Zucker: 5 g; Ballaststoffe: 18,4 g

10 MIN.

Zutaten für 1 Portion

Basis

½ gefrorene Banane (geschält, in Scheiben)
125 g TK-Beeren
1 EL Acaibeerenpulver
1 TL Agavendicksaft
200 ml ungesüßte Mandelmilch

Topping

¼ Banane
3 Erdbeeren
1 TL Haferflocken
1 EL Pekannüsse
1 EL Mandelstifte
1 TL Chia-Samen

1. Für die Basis alle Zutaten in einen Standmixer geben und zu einem cremigen Püree mixen. Je nach gewünschter Konsistenz, kann noch etwas Mandelmilch hinzugegossen werden – das macht die Acai-Bowl flüssiger.
2. Die Banane schälen, die Erdbeeren putzen und waschen. Beides in mundgerechte Stücke schneiden.
3. Acai-Bowl mit Erbeeren, Banane, Flocken, Nüssen, Mandeln und Samen garniert servieren.

WARME GERICHTE

SPARGEL-SCHINKEN-OMELETT MIT KARTOFFELN UND PETERSILIE

PROTEIN 19 g pro Portion

Pro Portion: Kilokalorien: 288; Fett: 16 g; gesättigte Fettsäuren: 3,8 g; Kohlenhydrate: 15 g; Zucker: 0 g; Ballaststoffe: 3,5 g

50 MIN.

Zutaten für 2 Portionen

200 g neue Kartoffeln
Salz
50 g weißer Spargel
1 Zwiebel
50 g Lachsschinken
2 Stängel Petersilie
3 Eier
1 EL Öl
Pfeffer

1. Kartoffeln gut waschen. In einem Topf mit kochendem Salzwasser ca. 20 Minuten weich garen, dann abgießen und abkühlen lassen.
2. Während die Kartoffeln kochen, den Spargel schälen, die unteren holzigen Enden abschneiden. Spargel in einem Topf mit Salzwasser ca. 15 Minuten garen, aus dem Wasser heben, gut abtropfen und abkühlen lassen.
3. Zwiebel schälen und fein würfeln. Lachsschinken in Streifen schneiden.
4. Kartoffeln mit einer Gemüsebürste säubern. Spargel und Kartoffeln in kleine Stücke schneiden.
5. Petersilie waschen, trocken schütteln, Blätter abzupfen und hacken. Eier in eine Schüssel aufschlagen und mit der gehackten Petersilie verquirlen.
6. Öl in einer beschichteten Pfanne erhitzen, Zwiebelwürfel darin bei mittlerer Hitze 1–2 Minuten glasig andünsten. Kartoffeln dazugeben und 2 Minuten weiterbraten. Spargel dazugeben und 1 Minute braten. Lachsschinken einrühren und alles mit Salz und Pfeffer würzen.
7. Eier in die Pfanne gießen und zugedeckt bei kleiner Hitze 5–6 Minuten stocken lassen. Aus der Pfanne auf einen Teller stürzen und sofort servieren.

NOCH SMARTER

Die Frittata als fleischlose Variante: eine Handvoll frischen Spinat in die Eier geben und, wenn Sie mögen, etwas Parmesan für die Würze.

WARUM GESUND

Eignet sich morgens, mittags, abends oder als Snack zwischendurch. Die Frittata ist besonders reich an Biotin – für schöne Haut, kräftiges Haar und feste Fingernägel. Auch Kalium kommt hier nicht zu kurz. Es reguliert den Wasserhaushalt, die Nervenreizleitung und die Muskelkontraktion.

BUTTERMILCH-VOLLKORN-PANCAKES MIT QUARK UND BEEREN

PROTEIN 22 g pro Portion

Pro Portion: Kilokalorien: 408; Fett: 10 g; gesättigte Fettsäuren: 3,5 g; Kohlenhydrate: 52 g; Zucker: 9 g; Ballaststoffe: 7 g

45 MIN.

Zutaten für 6 Portionen

1 EL Butter (ca. 25 g)
2 TL Backpulver
150 g Mehl
125 g Weizen-Vollkornmehl (sehr fein vermahlen)
500 ml Buttermilch
1 Prise Salz
2 Eier
1 Zitrone
500 g Magerquark
6 EL Ahornsirup
500 g gemischte Beeren
etwas Rapsöl zum Backen

1. Butter in einem Topf schmelzen und etwas abkühlen lassen.
2. Backpulver und beide Mehlsorten in einer Schüssel mischen.
3. Flüssige Butter, Buttermilch, Salz und Eier mit den Quirlen des Handrührers in einer Rührschüssel gut verrühren. Mehlmischung nach und nach dazugeben und alles zu einem glatten Teig verquirlen. Etwa 10 Minuten quellen lassen.
4. Inzwischen Zitrone halbieren und auspressen. Quark, etwa 4 EL Zitronensaft und Ahornsirup in einer Schüssel verrühren und abschmecken.
5. Beeren verlesen, waschen, putzen und gut abtropfen lassen. Beeren und Quark getrennt kalt stellen.
6. Etwas Öl in einer großen beschichteten Pfanne erhitzen. Pro Pancake jeweils etwa 1 kleine Kelle Teig ins heiße Fett geben. Durch Drehen und leichtes Kippen der Pfanne den Teig gleichmäßig verteilen und bei mittlerer Hitze etwa 2–3 Minuten backen. Dann vorsichtig wenden und weitere 1–2 Minuten backen. Pancake aus der Pfanne nehmen und abgedeckt beiseitestellen. Mit dem übrigen Teig genauso verfahren, bis der Teig verbraucht ist.
7. Pancakes mit Beeren und Quark anrichten.

NOCH SMARTER

Außerhalb der Saison für frische Beeren schmecken die Pancakes auch mit einer aufgetauten Tiefkühl-Mischung. Wer den Quark lockerer mag, rührt etwas kohlensäurehaltiges Mineralwasser unter.

WARUM GESUND

Hier läuft kein Genießer in die Fett-Zucker-Falle, die nicht nur die Kilos in die Hohe gehen lässt, sondern auch schlapp und müde macht. Stattdessen sorgen die ausgewählten Zutaten für einen belebenden Vitamin- und Mineralstoffkick. Sie liefern alle wichtigen Spurenelemente und bringen Energie in Form von komplexen Kohlenhydraten, die den Blutzuckerspiegel in der Balance halten.

KAISERSCHMARREN MIT QUARK UND ROSINEN

PROTEIN 28 g pro Portion

Pro Portion: Kilokalorien: 557; Fett: 21 g; gesättigte Fettsäuren: 9,8 g; Kohlenhydrate: 59 g; Zucker: 12 g; Ballaststoffe: 2,5 g

45 MIN.

Zutaten für 2 Portionen

20 g Sultaninen
50 ml Weißwein oder Apfelsaft
3 Eier
1 Vanilleschote
150 g Magerquark
100 g Mehl
75 ml Milch (1,5 % Fett)
25 g Rohrzucker
25 g Butter
Puderzucker (nach Belieben)

WARUM GESUND

Dass eine österreichische Mehlspeise nicht als Diätessen durchgeht, versteht sich. Aber man kann sie leichter machen, zum Beispiel durch die Zugabe von Quark und das fettarme Garen im Backofen! Reichlich Eiweiß macht außerdem so manche Kalorie wieder wett.

1. Backofen auf 200 °C Ober-/Unterhitze (Umluft: 180 °C, Gas: Stufe 3) vorheizen.
2. Sultaninen mit Wein oder Apfelsaft in einem kleinen Topf aufkochen. Beiseitestellen und abkühlen lassen.
3. Eier trennen. Vanilleschote längs halbieren und das Mark herauskratzen.
4. Eigelbe und Vanillemark in einer Schüssel mit Magerquark, Mehl, Milch und Zucker verrühren.
5. Eiweiße in einer zweiten Schüssel mit den Quirlen des Handmixers zu sehr steifem Schnee schlagen. Dann vorsichtig unter die Quarkmasse heben.
6. Butter in einer großen beschichteten, backofenfesten Pfanne aufschäumen lassen. Die Quarkmasse hineingeben und kurz bei mittlerer Hitze stocken lassen.
7. Sultaninen abtropfen lassen und über die Quarkmasse streuen. Pfanne in den Ofen geben und Kaiserschmarren 15–20 Minuten backen.
8. Den fertigen Schmarren mit zwei Gabeln in Stücke reißen und auf Teller geben. Nach Belieben mit etwas Puderzucker bestäuben und servieren.

NOCH SMARTER

Super dazu: ein Kompott aus Aprikosen oder Mirabellen – oder frische Beeren, die Farbe und Vitamine ins Spiel bringen.

KOREANISCHER PFANNKUCHEN MIT MÖHRE UND PAK CHOI

PROTEIN 19 g pro Portion

Pro Portion: Kilokalorien: 447; Fett: 23 g; gesättigte Fettsäuren: 3,2 g; Kohlenhydrate: 40 g; Zucker: 2 g; Ballaststoffe: 9 g

30 MIN.

Zutaten für 2 Portionen

2 EL ungeschälter Sesam
1 getrocknete Chilischote
4 EL Sojasauce
1 TL Honig
75 g Mehl
1 Prise Salz
1 Ei
1 Bund Frühlingszwiebeln
1 kleine Möhre (ca. 50 g)
1 Baby-Pak-Choi (ca. 175 g)
2 EL Öl
50 g Tiefseegarnelen (küchenfertig)

1. Sesam und Chilischote in einen Mörser geben und zerstoßen (nicht zerreiben).
2. Sesam-Chili in einer kleinen Schüssel mit 3 EL Sojasauce, Honig und ca. 1 EL Wasser mischen. Bis zur Verwendung bei Zimmertemperatur stehen lassen.
3. In einer Schüssel Mehl, 125 ml Wasser und Salz verrühren, bis sich die Zutaten verbinden.
4. Ei in eine Schüssel aufschlagen, verquirlen und unter die Mehlmasse rühren. Den Teig 10 Minuten ruhen lassen.
5. Inzwischen die Frühlingszwiebeln putzen, der Länge nach halbieren und waschen. Anschließend in etwa 3 cm lange Stücke schneiden. Möhre schälen, Pak Choi putzen, waschen und beides in sehr feine Streifen schneiden.
6. Öl in einer beschichteten Pfanne erhitzen und das Gemüse darin unter Rühren 2 Minuten hellbraun braten. Mit der restlichen Sojasauce ablöschen.
7. Tiefseegarnelen in die Pfanne geben.
8. Den Teig über die Zutaten gießen und einige Minuten bei kleiner bis mittlerer Hitze braten, bis die Unterseite goldbraun gebacken ist.
9. Pfannkuchen wenden und weitere 2 Minuten braten. In Stücke schneiden und mit dem beiseitegestellten Sesam-Chili-Dip servieren.

WARUM GESUND

Der köstliche Asia-Pfannkuchen hat es in sich: Eier bringen Provitamin A ins Spiel, das Gemüse liefert Vitamine und Ballaststoffe, Garnelen sorgen für Eiweiß und Jod, das tut der Schilddrüse gut. Besonders reich ist das Gericht auch an Folsäure, die vor allem für Schwangere und Stillende Bedeutung hat.

NOCH SMARTER

Ihrer Fantasie sind keine Grenzen gesetzt: Variieren Sie das Gericht z. B. mit Vitamin-C-reichen Paprikastreifen oder Vitamin-B1-haltigen Zucchinischeiben. Oder wählen Sie statt Garnelen Muschelfleisch, auch das liefert Spurenelemente.

GERÖSTETE STEINPILZE MIT TOMATEN-RÜHREI

PROTEIN 18 g pro Portion

Pro Portion: Kilokalorien: 299; Fett: 14 g; gesättigte Fettsäuren: 3,7 g; Kohlenhydrate: 23 g; Zucker: 0 g; Ballaststoffe: 19 g

30 MIN.

Zutaten für 4 Portionen

- 2 Stangen Staudensellerie mit Grün (ca. 150 g)
- 1 Stück Petersilienwurzel (ca. 50 g)
- 1 Zwiebel
- 1 kleine Knoblauchzehe
- 1 Zweig Thymian (eventuell mehr zum Garnieren)
- 700 g Steinpilze
- 2 Tomaten
- 1 TL Joghurtbutter
- Salz
- Pfeffer
- 4 Eier
- 4 EL Mineralwasser mit Kohlensäure
- 2 EL Olivenöl
- 4 Scheiben Vollkornbrot

WARUM GESUND

Dank des ausgesprochen hohen Ballaststoffgehalts (aus Pilzen, Gemüse und Vollkornbrot) empfiehlt sich der eiweißreiche Pfannenschmaus für alle, die an einer trägen Verdauung leiden. Nebenbei liefert er noch eine Fülle wichtiger Vitamine (A, D, E, einige B-Vitamine) und Mineralstoffe (Kalzium und Eisen).

1. Staudensellerie waschen, putzen, gegebenenfalls entfädeln und klein würfeln. Etwas zartes Selleriegrün sehr fein hacken.
2. Petersilienwurzel schälen, waschen und ebenfalls würfeln. Zwiebel und Knoblauch schälen und in kleine Würfel schneiden. Thymian waschen, trocken schütteln und die Blättchen abstreifen.
3. Steinpilze putzen und, falls nötig, mit Küchenpapier oder einem feuchten Tuch behutsam abreiben. Dann in Scheiben schneiden.
4. Stielansätze der Tomaten keilförmig herausschneiden. Tomaten für 10–15 Sekunden in einen Topf mit kochendem Wasser geben, herausheben, kurz unter kaltes Wasser halten (abschrecken) und die Haut abziehen. Dann Tomaten vierteln, entkernen und quer in Streifen schneiden.
5. Butter in einer beschichteten Pfanne erhitzen. Tomatenstreifen darin bei mittlerer Hitze etwa 3 Minuten andünsten. Leicht salzen und pfeffern.
6. Die Eier in einer Schüssel mit Mineralwasser verquirlen und mit Salz abschmecken.
7. Die verquirlten Eier über die Tomaten in die Pfanne gießen. Das gehackte Selleriegrün darüberstreuen. Die Masse bei kleiner Hitze in 4–5 Minuten fest werden lassen (stocken), dabei ab und zu mit einem Pfannenwender von außen nach innen zusammenschieben.

8. Inzwischen das Öl in einer zweiten Pfanne erhitzen. Steinpilze, Staudensellerie, Petersilienwurzel, Zwiebel- und Knoblauchwürfel darin etwa 5 Minuten bei mittlerer Hitze kräftig anrösten. Mit Salz, Pfeffer und Thymian würzen.

9. Geröstete Pilze mit dem Tomaten-Rührei auf vorgewärmten Tellern anrichten. Nach Belieben mit frischem Thymian garnieren. Sofort mit dem Brot servieren.

NOCH SMARTER

Wer etwas sparsamer kochen möchte, verwendet die preiswerteren Kräuterseitlinge anstelle der Steinpilze. Sie sind nicht ganz so intensiv wie ihre teureren »Verwandten«, kommen aber geschmacklich sehr nahe heran.

PROVENZALISCHES GEMÜSE-OMELETT MIT SCHWARZEN OLIVEN

PROTEIN 18 g pro Portion

Pro Portion: Kilokalorien: 315; Fett: 23 g; gesättigte Fettsäuren: 5 g; Kohlenhydrate: 7 g; Zucker: 0 g; Ballaststoffe: 5 g

20 MIN.

Zutaten für 2 Portionen

½ Aubergine (ca. 150 g)
½ Zucchini (ca. 125 g)
½ rote Paprikaschote (ca. 100 g)
1 EL Öl
1 Schalotte
1 Knoblauchzehe
Salz
Pfeffer
4 Eier
3 EL Milch (1,5 % Fett)
2 TL getrocknete Kräuter der Provence
2 EL schwarze Oliven (ohne Stein)

1. Aubergine und Zucchini putzen, waschen, trocken reiben und in etwa 1 cm große Würfel schneiden.
2. Die Paprikaschote halbieren, entkernen, waschen und in feine Streifen schneiden.
3. Öl in einer Pfanne erhitzen, das Gemüse zugeben und unter gelegentlichem Rühren bei mittlerer Hitze 2–3 Minuten anbraten.
4. Inzwischen Schalotte und Knoblauch schälen, Schalotte fein würfeln, Knoblauch fein hacken.
5. Schalotten- und Knoblauchwürfel zum Gemüse geben und kurz mitbraten. Gemüse kräftig mit Salz und Pfeffer würzen.
6. Eier, Milch und Kräuter in einer Schüssel verquirlen. Eimischung über das Gemüse geben und zugedeckt 5 Minuten bei mittlerer Hitze stocken lassen, dabei die Pfanne gelegentlich etwas rütteln, damit das Omelett nicht ansetzt.
7. Die Oliven hacken und vor dem Servieren über das Omelett streuen.

NOCH SMARTER

Kräuter der Provence gibt es inzwischen auch gefriergetrocknet. Dieses Konservierungsverfahren bewahrt das duftende Kräuteraroma und auch die enthaltenen Nährstoffe besonders gut.

WARUM GESUND

Omeletts kommen in Frankreich meistens abends auf den Tisch. Völlig zu Recht – schließlich hält der hohe Eiweißanteil schön lange satt und kommt daher all jenen entgegen, die auf eine Low-Carb-Ernährung schwören. Weitere Pluspunkte: mehrere stoffwechsel- und nervenstärkende B-Vitamine sowie Vitamin D und A in Hülle und Fülle!

QUINOA-QUARK-AUFLAUF MIT OBSTSALAT

PROTEIN 27 g pro Portion

Pro Portion: Kilokalorien: 482; Fett: 7 g; gesättigte Fettsäuren: 1,9 g; Kohlenhydrate: 73 g; Zucker: 10 g; Ballaststoffe: 7,5 g

1 STD. 10 MIN.

Zutaten für 4 Portionen

150 g Quinoa
100 ml Milch (1,5 % Fett)
2 Orangen (à ca. 200 g; 1 davon in Bio-Qualität)
2 Eier
1 EL brauner Rohrzucker (ca. 20 g)
500 g Magerquark
½ TL Zimt
½ TL gemahlener Ingwer
flüssiger Süßstoff (nach Belieben)
1 TL Keimöl
2 EL Rosinen
2 Kiwis
1 Apfel (ca. 200 g)
2 Bananen (à ca. 200 g)

WARUM GESUND

Eiweiß- und kalziumliefernde Milchprodukte sind auf den ersten Blick nicht zu sehen – sie verstecken sich im Auflauf. Auch die kleinen Körner darin sind proteinreich und haben darüber hinaus eine hohe Dichte an Mineralstoffen. Und die Früchte im Salat steuern viel Vitamin C bei.

1. Quinoa in ein Sieb geben, mit heißem Wasser abspülen und abtropfen lassen. Mit 200 ml Wasser und der Milch in einem Topf aufkochen und zugedeckt bei kleiner Hitze 15 Minuten garen. Auf dem ausgeschalteten Herd zugedeckt weitere 5 Minuten quellen lassen. Danach im geöffneten Topf abkühlen lassen.
2. Währenddessen die Bio-Orange heiß abwaschen, trocken reiben und etwa ¼ der Schale fein abreiben.
3. Backofen auf 200 °C Ober-/Unterhitze (Umluft 180 °C, Gas: Stufe 3) vorheizen.
4. Die Eier trennen und die Eiweiße in ein hohes Gefäß geben. Mit den Schneebesen des Handmixers steif schlagen und dabei den Zucker nach und nach einrieseln lassen.
5. Quark und Eigelbe mit Quinoa verrühren. Mit abgeriebener Orangenschale, Zimt und Ingwer würzen. Das Eiweiß unterheben und die Masse nach Belieben mit Süßstoff abschmecken.
6. Eine flache Auflaufform (ca. 1,5 l Inhalt) mit dem Öl fetten und die Quinoa-Quark-Masse einfüllen. Im vorgeheizten Ofen etwa 30 Minuten backen.
7. Inzwischen beide Orangen so dick abschälen, dass alles Weiße entfernt wird. Die Fruchtfilets zwischen den Trennhäuten herausschneiden und den Saft dabei in einer großen Schüssel auffangen. Orangenfilets in die Schüssel geben. Rosinen grob hacken und ebenfalls dazugeben.

8. Kiwis schälen, halbieren und in Spalten schneiden. Apfel waschen, trocken reiben, vierteln, entkernen und ebenfalls in feine Spalten schneiden. Beides unter die Orangenfilets heben.
9. Die Bananen schälen, in Scheiben schneiden, ebenfalls in die Schüssel geben und alles etwa 10 Minuten durchziehen lassen. Den Obstsalat zum Quinoa-Quark-Auflauf servieren.

NOCH SMARTER

Zum Auflauf schmeckt auch ein Potpourri aus Beerenfrüchten, ein pures Kirschkompott oder eine gelb-orange Komposition aus Ananas und Mango sehr gut. Das Obst ist jeweils dann am preiswertesten, wenn es Saison hat.

KARTOFFEL-GEMÜSE-TORTILLA MIT PAPRIKA UND ZUCCHINI

PROTEIN 21 g pro Portion

Pro Portion: Kilokalorien: 335; Fett: 19 g; gesättigte Fettsäuren: 5 g; Kohlenhydrate: 18 g; Zucker: 0 g; Ballaststoffe: 8,5 g

30 MIN.

Zutaten für 2 Portionen

1 große Zucchini (ca. 300 g)
1 kleine rote Paprikaschote (ca. 150 g)
1 kleine gelbe Paprikaschote (ca. 150 g)
1 große weiße Zwiebel (ca. 80 g)
2 Knoblauchzehen
1 große Kartoffel (ca. 125 g)
4 Zweige Thymian
4 Eier
2 EL Milch (1,5 % Fett)
4 EL Mineralwasser mit Kohlensäure
Salz
Pfeffer
1 EL Olivenöl

1. Zucchini waschen, putzen, längs halbieren und der Länge nach in dünne Scheiben schneiden. Anschließend quer in Streifen schneiden.
2. Paprikaschoten halbieren, entkernen, waschen und in schmale Streifen schneiden.
3. Zwiebel und Knoblauch schälen. Zwiebel halbieren und in dünne Ringe schneiden. Knoblauch durch eine Knoblauchpresse drücken.
4. Kartoffel schälen, waschen und mit einem Sparschäler in sehr dünne Scheiben hobeln.
5. Thymian waschen, trocken schütteln und die Blättchen von den Zweigen streifen. Etwa ¾ davon in eine kleine Schüssel geben. Eier, Milch, Mineralwasser, Salz und Pfeffer zufügen. Alles mit einer Gabel gut verquirlen.
6. Das Öl in einer großen beschichteten Pfanne erhitzen. Zucchini, Paprika, Zwiebel und Kartoffel darin unter Wenden bei mittlerer Hitze 4–5 Minuten garen. Knoblauch zufügen und weitere 1–2 Minuten braten.
7. Die Thymian-Ei-Mischung über das Gemüse gießen und bei kleiner Hitze fest werden (stocken) lassen. Mit dem restlichen Thymian bestreuen und servieren.

NOCH SMARTER

Seien Sie ruhig großzügig bei den Kräutern und ergänzen Sie den Thymian noch mit gehacktem Oregano und gehackter Petersilie.

WARUM GESUND

Bei diesem Rezept kommt garantiert kein Stress in der Küche auf, selbst ungeübten Köchen wird die schnell zuzubereitende Tortilla garantiert gelingen! Die Kombination aus viel Gemüse, Kartoffeln und Eiern bringt eine Vitaminfulle mit, die kaum zu übertreffen ist. Ebenfalls reichlich vertreten: Ballaststoffe und Eiweiß – beide ganz hervorragende Sattmacher!

ARTISCHOCKEN-TORTILLA MIT TOMATEN UND SCHAFSKÄSE

PROTEIN 21 g pro Portion

Pro Portion: Kilokalorien: 246; Fett: 14 g; gesättigte Fettsäuren: 4,8 g; Kohlenhydrate: 8 g; Zucker: 0 g; Ballaststoffe: 12,5 g

25 MIN.

Zutaten für 2 Portionen

220 g Artischockenherzen (Dose; Abtropfgewicht)
1 Zwiebel
1 Knoblauchzehe
100 g Kirschtomaten
3 Eier
6 EL Milch (1,5 % Fett)
Salz
Pfeffer
½ TL Tomatenmark
1 TL Olivenöl
50 g milder Schafskäse (9 % Fett)

1. Artischockenherzen in ein Sieb geben, gut abtropfen lassen und halbieren.
2. Zwiebel und Knoblauch schälen und in feine Würfel schneiden. Tomaten waschen und halbieren.
3. Eier, Milch, Salz, Pfeffer und Tomatenmark in einer Schüssel verquirlen.
4. Öl in einer beschichteten Pfanne erhitzen. Zwiebel und Knoblauch darin bei mittlerer Hitze andünsten. Artischocken zugeben und leicht anbraten.
5. Temperatur reduzieren. Tomaten zugeben und verquirltes Ei in die Pfanne gießen. Zugedeckt bei kleiner Hitze 6–8 Minuten stocken lassen.
6. Inzwischen Käse in kleine Würfel schneiden. Tortilla mit einem Pfannenwender vorsichtig wenden, Schafskäsewürfel darüberstreuen und kurz anschmelzen lassen. Tortilla in Stücke teilen und nach Belieben z. B. mit dunklem Bauernbrot anrichten.

NOCH SMARTER

Die Tortilla schmeckt abgekühlt ebenso köstlich wie frisch aus der Pfanne. Sie können den Leckerbissen daher gut für Gäste vorbereiten oder Reste am nächsten Tag essen. Eine schöne Ergänzung ist ein leichter Friséesalat.

WARUM GESUND

Artischocken sind die Stars unter den leichten Zutaten: Sie sind reich an Ballaststoffen, ihre Vitalstoffe senken die Blutfettwerte und kurbeln die Verdauung an. Die Eier steuern hochwertiges Eiweiß, Biotin und knochenstärkendes Vitamin D bei – und sie decken den Tagesbedarf an Vitamin B12.

GEBACKENE QUARKTOASTS MIT ORANGENFILETS

PROTEIN 18 g pro Portion

Pro Portion: Kilokalorien: 338; Fett: 11 g; gesättigte Fettsäuren: 2,8 g; Kohlenhydrate: 40 g; Zucker: 7 g; Ballaststoffe: 2,5 g

35 MIN.

Zutaten für 4 Portionen

1 Vanilleschote
250 g Buttermilchquark
3 EL Ahornsirup
1 große Bio-Orange (oder 2 kleine)
2 Eier
225 ml Milch (1,5 % Fett)
1 Prise Salz
8 Scheiben Vollkorntoast
2 EL Rapsöl

1. Vanilleschote längs halbieren und das Mark mit einem Messer herauskratzen.
2. Quark in einer Schüssel mit dem Ahornsirup und dem Vanillemark glatt rühren.
3. Orange heiß abspülen und trocken reiben. Die Schale fein abreiben und unter den Quark rühren.
4. Orange so dick abschälen, dass alles Weiße entfernt wird. Fruchtfilets zwischen den Trennhäuten herausschneiden, in eine kleine Schüssel geben und beiseitestellen.
5. Eier, Milch und Salz in einer flachen Auflaufform verquirlen. Die Brotscheiben einzeln darin wenden.
6. Eine große beschichtete Pfanne mit ½ EL Öl ausstreichen und erhitzen. 2 Brotscheiben darin von jeder Seite 1–2 Minuten goldbraun backen, herausnehmen und warmstellen. So weiter verfahren, bis alles Öl verbraucht ist und alle Toasts gebacken sind.
7. Toasts mit Quark und Orangenfilets servieren.

WARUM GESUND

Schmeckt gut – tut gut! Reichlich Kalzium im Quark in Verbindung mit dem Vitamin C aus der Orange stärkt Knochen, Zähne und Gelenke.

NOCH SMARTER

Variieren Sie ruhig nach Lust und Laune: Statt Orangenfilets schmecken auch frische Beeren oder Mango köstlich; Honig süßt das Ganze genauso gut wie Ahornsirup. Nur beim Toast sollten Sie, der Ballaststoffe wegen, lieber beim Vollkorn bleiben!

PROTEIN 21,2 g pro Portion

QUARK-OMELETT

Pro Portion: Kilokalorien: 410; Fett: 28,6 g; gesättigte Fettsäuren: 14 g; Kohlenhydrate: 8,3 g; Zucker: 0 g; Ballaststoffe: 0,9 g

30 MIN.

Zutaten für 4 Portionen

1 Bund Frühlingszwiebeln
1 Bund Petersilie
8 Eier
125 ml Milch
Salz
Pfeffer
4 EL Butter
500 g Magerquark
1 TL Zitronensaft

1. Frühlingszwiebeln putzen, waschen, Enden abschneiden und Zwiebeln in feine Ringe schneiden. Petersilie waschen, trocken schütteln und fein hacken.
2. Eier in einer Schüssel mit der Milch verquirlen, mit Salz und Pfeffer würzen. Die Hälfte der Frühlingszwiebeln und Petersilie untermischen. Butter erhitzen und portionsweise 4 Omeletts ausbacken.
3. Quark in einer Schüssel mit Zitronensaft verrühren, restliche Frühlingszwiebeln und Petersilie untermischen und mit Salz und Pfeffer würzen.
4. Quark auf den Omeletts verteilen, diese zusammenklappen und servieren.

GEBACKENE EIER MIT KÄSE

PROTEIN 14 g pro Portion

Pro Portion: Kilokalorien: 203; Fett: 16 g; gesättigte Fettsäuren: 7,6 g; Kohlenhydrate: 1 g; Zucker: 0 g; Ballaststoffe: 0 g

35 MIN.

Zutaten für 4 Portionen

60 g Gruyère oder anderer herzhafter Hartkäse
Butter für die Form
6 große Eier
1 Prise Meersalz
Pfeffer aus der Mühle
2 EL Schlagsahne

1. Den Backofen auf 180 °C Ober-/ Unterhitze (Umluft: 160 °C, Gas: Stufe 2) vorheizen.
2. Den Käse fein reiben. Eine Auflaufform mit Butter einfetten.
3. Die Eier vorsichtig trennen, sodass das Eigelb intakt bleibt, und das Eiweiß mit dem Salz in einer Schüssel zu einem sehr steifen Schnee schlagen. Anschließend mit Pfeffer würzen, in der gebutterten Form verteilen und glatt streichen.
4. Mit einem Löffelrücken sechs Mulden in den Eischnee drücken. In jede Vertiefung ein Eigelb gleiten lassen. Das Eigelb mit der Sahne bedecken, dann den ganzen Auflauf mit dem geriebenen Käse bestreuen.
5. Auflauf im Ofen auf der mittleren Schiene in 10–15 Minuten goldbraun backen.